This book belongs to:

....

B B B B B B B B B

H H H H H H H H H H

m m m m m m m m m

p p p p p p p p p p p p p

W *w* *w* *w* *w* *w* *w* *w* *w* *w*

www.ingramcontent.com/pod-product-compliance
Lightning Source LLC
Chambersburg PA
CBHW080718120726
48001CB00010B/3068